ARLEQUIN POLI PAR L'AMOUR

comédie en un acte

Pierre Carlet de Chamblain de Marivaux

Copyright © 2022 Pierre Carlet de Chamblain de Marivaux
Edition : Books on Demand - info@bod.fr
Impression : BOD - In de Tarpen 42, Norderstedt (Allemagne)
Impression à la demande

ISBN : 978-2-3224-5727-4
Dépôt légal : octobre 2022

Mise en page et maquettage : https://reedsy.com/

Cet ouvrage a été composé avec la police Bauer Bodoni

Tous droits réservés pour tous pays.

PERSONNAGES

- LA FÉE
- TRIVELIN, domestique de la fée.
- ARLEQUIN, jeune homme enlevé par la fée.
- SILVIA, bergère, amante d'Arlequin.
- UN BERGER, amoureux de Silvia.
- AUTRE BERGÈRE, cousine de Silvia.
- Troupe de danseurs et chanteurs.
- Troupe de lutins.

SCÈNE PREMIÈRE : LA FÉE, TRIVELIN.

TRIVELIN, *à la fée, qui soupire* : Vous soupirez, madame ; et, malheureusement pour vous, vous risquez de soupirer longtemps, si votre raison n'y met ordre. Me permettez-vous de vous dire ici mon sentiment ?

LA FÉE : Parle.

TRIVELIN : Le jeune homme que vous avez enlevé à ses parents est un beau brun, bien fait ; c'est la figure la plus charmante du monde. Il dormait dans un bois quand vous le vîtes, et c'était assurément voir l'Amour endormi. Je ne suis donc point surpris du penchant subit qui vous a prise pour lui.

LA FÉE : Est-il rien de plus naturel que d'aimer ce qui est aimable ?

TRIVELIN : Oh ! sans doute ; cependant, avant cette aventure, vous aimiez assez le grand enchanteur Merlin.

LA FÉE : Eh bien ! l'un me fait oublier l'autre ; cela est encore fort naturel.

TRIVELIN : C'est la pure nature ; mais il reste une petite observation à faire ; c'est que vous enlevez le jeune homme endormi, quand peu de jours après vous allez épouser le même Merlin qui en a votre parole. Oh ! cela devient sérieux ; et, entre nous, c'est prendre la nature un peu trop à la lettre. Cependant, passe encore ; le pis qu'il en pouvait arriver, c'était d'être infidèle ; cela serait très vilain dans un homme ; mais dans une femme, cela est plus supportable. Quand une femme est fidèle, on l'admire ; mais il y a des femmes modestes qui n'ont pas la vanité de vouloir être admirées. Vous êtes de celles-là ; moins de gloire, et plus de plaisir ; à la bonne heure !

LA FÉE : De la gloire à la place où je suis ! Je serais une grande dupe de me gêner pour si peu de chose.

TRIVELIN : C'est bien dit ; poursuivons. Vous portez le jeune homme endormi dans votre palais, et vous voilà à guetter le moment de son réveil ; vous êtes en habit de conquête et dans un attirail digne du mépris généreux que vous avez pour la gloire. Vous vous attendiez de la part du beau garçon à la surprise la plus amoureuse ; il s'éveille, et vous salue du regard le plus imbécile que jamais nigaud ait porté. Vous vous approchez ; il bâille deux ou trois fois de toutes ses forces, s'allonge, se retourne et se rendort. Voilà l'histoire curieuse d'un réveil qui promettait une scène si intéressante. Vous sortez en soupirant de dépit, et peut-être chassée par un ronflement de basse-taille, aussi nourri qu'il en soit. Une heure se passe ; il se réveille encore, et, ne voyant personne auprès de lui, il crie : Hé ! À ce cri galant, vous rentrez ; l'Amour se frottait les yeux. Que voulez-vous, beau jeune homme ? lui dites-vous. Je veux goûter, moi, répondit-il. Mais n'êtes-vous point surpris de me voir ? ajoutez-vous. Eh ! mais oui, repart-il. Depuis quinze jours qu'il est ici, sa conversation a toujours été de la même force. Cependant vous l'aimez ; et, qui pis est, vous laissez penser à Merlin que lui, Merlin, va vous épouser ; et votre dessein, m'avez-vous dit, est, s'il est possible, d'épouser le jeune homme. Franchement, si vous les prenez tous deux, suivant toutes les règles, le second mari doit gâter le premier.

LA FÉE : Je vais te répondre en deux mots. La figure du jeune homme en question m'enchante ; j'ignorais qu'il eût si peu d'esprit quand je l'ai enlevé. Pour moi sa bêtise ne me rebute point ; j'aime, avec les grâces qu'il a déjà, celles que lui prêtera l'esprit quand il en aura. Quelle volupté de voir un homme aussi charmant me dire, à mes pieds : Je vous aime ! Il est déjà le plus beau brun du monde, mais sa bouche, ses yeux, tous ses traits seront adorables, quand un peu d'amour les aura retouchés ; mes soins réussiront peut-être à lui en inspirer. Souvent il me regarde, et tous les jours je crois être au moment où il peut me sentir et se sentir lui-même. Si cela lui arrive, sur-le-champ, j'en fais mon mari. Cette qualité le mettra alors à l'abri des fureurs de Merlin ; mais, avant cela, je n'ose mécontenter cet enchanteur, aussi puissant que moi, et avec qui je différerai le plus longtemps que je pourrai.

TRIVELIN : Mais si le jeune homme n'est jamais ni plus amoureux ni plus spirituel, si l'éducation que vous tâchez de lui donner ne réussit pas, vous épouserez donc Merlin ?

LA FÉE : Non ; car, en l'épousant même, je ne pourrais me déterminer à perdre l'autre de vue ; et si jamais il venait à m'aimer, toute mariée que je serais, je veux bien te l'avouer, je ne me fierais pas à moi.

TRIVELIN : Oh ! je m'en serais bien douté sans que vous me l'eussiez dit. Femme tentée et femme vaincue, c'est tout un. Mais je vois notre imbécile qui vient avec son maître à danser.

SCÈNE II : ARLEQUIN entre, la tête dans l'estomac, ou de la façon niaise dont il voudra, SON MAÎTRE À DANSER, LA FÉE, TRIVELIN.

LA FÉE : Eh bien ! aimable enfant, vous me paraissez triste ; y a-t-il quelque chose ici qui vous déplaise ?

ARLEQUIN : Moi, je n'en sais rien.

Trivelin rit.

LA FÉE, *à Trivelin* : Oh ! je vous en prie, ne riez pas ; cela me fait injure. Je l'aime, cela suffit pour le respecter. *(Pendant ce temps, Arlequin prend des mouches. La fée continue à parler à Arlequin.)* Voulez-vous bien prendre votre leçon, mon cher enfant ?

ARLEQUIN, *comme n'ayant pas entendu* : Hein ?

LA FÉE : Voulez-vous prendre votre leçon, pour l'amour de moi ?

ARLEQUIN : Non.

LA FÉE : Quoi ! vous me refusez si peu de chose, à moi qui vous aime ?

Alors Arlequin lui voit une grosse bague au doigt : il lui va prendre la main, regarde la bague, et lève la tête en se mettant à rire niaisement.

LA FÉE : Voulez-vous que je vous la donne ?

ARLEQUIN : Oui-dà.

LA FÉE, *tire la bague de son doigt et la lui présente. Comme il la prend grossièrement, elle lui dit* : Mon cher Arlequin, un beau garçon comme vous, quand une dame lui présente quelque chose, doit baiser la main en le recevant.

Arlequin alors prend goulûment la main de la fée, qu'il baise.

LA FÉE, *à Trivelin* : Il ne m'entend pas ; mais du moins sa méprise m'a fait plaisir. *(Elle ajoute :)* Baisez la vôtre à présent. *(Arlequin baise le dessus de sa main ; la fée soupire, et, lui donnant sa bague, lui dit :)* La voilà ; en revanche, recevez votre leçon.

Alors le maître à danser apprend à Arlequin à faire la révérence. Arlequin égaie cette scène de tout ce que son génie peut lui fournir de propre au sujet.

ARLEQUIN : Je m'ennuie.

LA FÉE : En voilà donc assez ; nous allons tâcher de vous divertir.

ARLEQUIN saute de joie du divertissement proposé, et dit en riant : Divertir ! divertir !

SCÈNE III : LA FÉE, ARLEQUIN, TRIVELIN, TROUPE DE CHANTEURS ET DANSEURS.

La fée fait asseoir Arlequin auprès d'elle sur un banc de gazon qui sera auprès de la grille du théâtre. Pendant qu'on danse, Arlequin siffle.

UN CHANTEUR, *à Arlequin* :
　Beau brunet, l'Amour vous appelle.

ARLEQUIN *se levant niaisement* : Je ne l'entends pas ; où est-il ? *(Il appelle :)* Hé ! hé !

LE CHANTEUR, *continue* :
　Beau brunet, l'Amour vous appelle.

ARLEQUIN *en se rasseyant* : Qu'il crie donc plus haut.

LE CHANTEUR, *en lui montrant la fée* :
　Voyez-vous cet objet charmant ?
　Ses yeux dont l'ardeur étincelle
　Vous répètent à tout moment :
　Beau brunet, l'Amour vous appelle.

ARLEQUIN, *regardant les yeux de la fée* : Dame ! cela est drôle.

UNE CHANTEUSE, *bergère, vient et dit à Arlequin* :
　Aimez, aimez ; rien n'est si doux.

ARLEQUIN : Apprenez, apprenez-moi cela.

LA CHANTEUSE, *continue en le regardant* :
　Ah ! que je plains votre ignorance !
　Quel bonheur pour moi, quand j'y pense,
　(Elle montre le chanteur.)
　Qu'Atys en sache plus que vous !

LA FÉE, *alors, en se levant, dit à Arlequin* : Cher Arlequin, ces tendres chansons ne vous inspirent-elles rien ? Que sentez-vous ?

ARLEQUIN : Je sens un grand appétit.

TRIVELIN : C'est-à-dire qu'il soupire après sa collation. Mais voici un paysan qui veut vous donner le plaisir d'une danse de village ; après quoi nous irons manger.

Un paysan danse.

LA FÉE, *se rassied et fait asseoir Arlequin, qui s'endort. Quand la danse finit, la fée le tire par le bras, et lui dit en se levant* : Vous vous endormez ? Que faut-il donc faire pour vous amuser ?

ARLEQUIN, *en se réveillant, pleure* : Hi ! hi ! hi ! Mon père, je ne vois point ma mère.

LA FÉE, *à Trivelin* : Emmenez-le ; il se distraira peut-être, en mangeant, du chagrin qui le prend. Je sors d'ici pour quelques moments. Quand il aura fait collation, laissez-le se promener où il voudra.

Ils sortent tous.

SCÈNE IV : SILVIA, LE BERGER.

La scène change et représente au loin quelques moutons qui paissent. Silvia entre sur la scène en habit de bergère, une houlette à la main ; un berger la suit.

LE BERGER : Vous me fuyez, belle Silvia !

SILVIA : Que voulez-vous que je fasse ? vous m'entretenez d'une chose qui m'ennuie ; vous me parlez toujours d'amour.

LE BERGER : Je vous parle de ce que je sens.

SILVIA : Oui ; mais je ne sens rien, moi.

LE BERGER : Voilà ce qui me désespère.

SILVIA : Ce n'est pas ma faute. Je sais bien que toutes nos bergères ont chacune un berger qui ne les quitte point, elles me disent qu'elles aiment, qu'elles soupirent ; elles y trouvent leur plaisir. Pour moi, je suis bien malheureuse : depuis que vous dites que vous soupirez pour moi, j'ai fait ce que j'ai pu pour soupirer aussi ; car j'aimerais autant qu'une autre à être bien aise. S'il y avait quelque secret pour cela, tenez, je vous rendrais heureuse tout d'un coup ; car je suis naturellement bonne.

LE BERGER : Hélas ! pour de secret, je n'en sais point d'autre que celui de vous aimer moi-même.

SILVIA : Apparemment que ce secret-là ne vaut rien ; car je ne vous aime point encore, et j'en suis bien fâchée. Comment avez-vous fait pour m'aimer, vous ?

LE BERGER : Moi ! je vous ai vue ; voilà tout.

SILVIA : Voyez quelle différence ! et moi, plus je vous vois, et moins je vous aime. N'importe ; allez, allez, cela viendra peut-être ; mais ne me gênez point. Par exemple, à présent, je vous haïrais si vous restiez ici.

LE BERGER : Je me retirerai donc, puisque c'est vous plaire ; mais, pour me consoler, donnez-moi votre main, que je la baise.

SILVIA : Oh ! non ; on dit que c'est une faveur, et qu'il n'est pas honnête d'en faire ; et cela est vrai, car je sais bien que les bergères se cachent de cela.

LE BERGER : Personne ne nous voit.

SILVIA : Oui ; mais puisque c'est une faute, je ne veux point la faire qu'elle ne me donne du plaisir comme aux autres.

LE BERGER : Adieu donc, belle Silvia ; songez quelquefois à moi.

SILVIA : Oui, oui.

SCÈNE V : SILVIA, ARLEQUIN. (mais il ne vient qu'un moment après que Silvia a été seule).

SILVIA : Que ce berger me déplaît avec son amour ! Toutes les fois qu'il me parle, je suis toute de méchante humeur. *(Et puis voyant Arlequin.)* Mais qui est-ce qui vient là ? Ah ! mon Dieu ! le beau garçon !

ARLEQUIN, *entre en jouant au volant ; il vient de cette façon jusqu'aux pieds de Silvia ; là, en jouant, il laisse tomber le volant, et, en se baissant pour le ramasser, il voit Silvia. Il demeure étonné et courbé ; petit à petit et par secousses, il se redresse le corps. Quand il s'est entièrement redressé, il la regarde ; elle, honteuse, feint de se retirer ; dans son embarras, il l'arrête, et dit* : Vous êtes bien pressée !

SILVIA : Je me retire, car je ne vous connais pas.

ARLEQUIN : Vous ne me connaissez pas ! tant pis ; faisons connaissance, voulez-vous ?

SILVIA, *encore honteuse* : Je le veux bien.

ARLEQUIN, *alors s'approche d'elle et lui marque sa joie par de petits ris, et dit* : Que vous êtes jolie !

SILVIA : Vous êtes bien obligeant.

ARLEQUIN : Oh ! point ; je dis la vérité.

SILVIA, *en riant un peu à son tour* : Vous êtes bien joli aussi, vous.

ARLEQUIN : Tant mieux ! Où demeurez-vous ? Je vous irai voir.

SILVIA : Je demeure tout près ; mais il ne faut pas venir ; il vaut mieux nous voir toujours ici, parce qu'il y a un berger qui m'aime ; il serait jaloux, il nous suivrait.

ARLEQUIN : Ce berger-là vous aime !

SILVIA : Oui.

ARLEQUIN : Voyez donc cet impertinent ! je ne le veux pas, moi. Est-ce que vous l'aimez, vous ?

SILVIA : Non, je n'en ai jamais pu venir à bout.

ARLEQUIN : C'est bien fait ; il faut n'aimer personne que nous deux ; voyez si vous le pouvez.

SILVIA : Oh ! de reste ; je ne trouve rien de si aisé.

ARLEQUIN : Tout de bon ?

SILVIA : Oh ! je ne mens jamais. Mais où demeurez-vous aussi ?

ARLEQUIN, *lui montrant du doigt* : Dans cette grande maison.

SILVIA : Quoi ! chez la fée ?

ARLEQUIN : Oui.

SILVIA, *tristement* : J'ai toujours eu du malheur.

ARLEQUIN, *tristement aussi* : Qu'est-ce que vous avez, ma chère amie ?

SILVIA : C'est que cette fée est plus belle que moi, et j'ai peur que notre amitié ne tienne pas.

ARLEQUIN, *impatiemment* : J'aimerais mieux mourir. *(Et puis tendrement.)* Allez, ne vous affligez pas, mon petit cœur.

SILVIA : Vous m'aimerez donc toujours ?

ARLEQUIN : Tant que je serai en vie.

SILVIA : Ce serait bien dommage de me tromper ; je suis si simple ! Mais mes moutons s'écartent, on me gronderait s'il s'en perdait quelqu'un ; il faut que je m'en aille. Quand reviendrez-vous ?

ARLEQUIN, *avec chagrin* : Oh ! que ces moutons me fâchent !

SILVIA : Et moi aussi ; mais que faire ? Serez-vous ici sur le soir ?

ARLEQUIN : Sans faute. *(En disant cela, il lui prend la main et dit :)* Oh ! les jolis petits doigts ! *(Il lui baise la main et dit :)* Je n'ai jamais eu de bonbon si bon que cela.

Elle laisse tomber son mouchoir en s'en allant. Arlequin le ramasse et la rappelle pour le lui donner.

ARLEQUIN : Mon amie !

SILVIA : Que voulez-vous, mon amant ? *(Et puis, voyant son mouchoir entre les mains d'Arlequin.)* Ah ! c'est mon mouchoir ; donnez.

ARLEQUIN, *le tend, et puis retire la main ; il hésite et enfin il le garde et il dit* : Non, je veux le garder ; il me tiendra compagnie. Qu'est-ce que vous en faites ?

SILVIA : Je me lave quelquefois le visage, et je m'essuie avec.

ARLEQUIN, *en le déployant* : Et par où vous sert-il, afin que je le baise par là ?

SILVIA, *s'en allant* : Partout ; mais j'ai hâte, je ne vois plus mes moutons. Adieu ; jusqu'à tantôt.

Arlequin la salue en faisant des singeries, et se retire aussi.

SCÈNE VI : LA FÉE, TRIVELIN.

La scène change et représente le jardin de la fée.

LA FÉE : Eh bien ! notre jeune homme a-t-il goûté ?

TRIVELIN : Oui, goûté comme quatre ; il excelle en fait d'appétit.

LA FÉE : Où est-il à présent ?

TRIVELIN : Je crois qu'il joue au volant dans les prairies ; mais j'ai une nouvelle à vous apprendre.

LA FÉE : Quoi ? qu'est-ce que c'est ?

TRIVELIN : Merlin est venu pour vous voir.

LA FÉE : Je suis ravie de ne m'y être point rencontrée ; car c'est une grande peine que de feindre de l'amour pour qui l'on n'en sent plus.

TRIVELIN : En vérité, madame, c'est bien dommage que ce petit innocent l'ait chassé de votre cœur. Merlin est au comble de la joie ; il croit vous épouser incessamment. « Imagines-tu quelque chose de si beau qu'elle ? » me disait-il tantôt, en regardant votre portrait. « Ah ! Trivelin, que de plaisirs m'attendent ! » Mais je vois bien que, de ces plaisirs-là, il n'en tâtera qu'en idée ! et cela est d'une triste ressource, quand on s'en est promis la belle et bonne réalité. Il reviendra ; comment vous tirerez-vous d'affaire avec lui ?

LA FÉE : Jusqu'ici je n'ai d'autre parti à prendre que de le tromper.

TRIVELIN : Et n'en sentez-vous pas quelque remords de conscience ?

LA FÉE : Oh ! j'ai bien d'autres choses en tête qu'à m'amuser à consulter ma conscience sur une bagatelle.

TRIVELIN, *à part* : Voilà ce qui s'appelle un coeur de femme complet.

LA FÉE : Je m'ennuie de ne point voir Arlequin ; je vais le chercher ; mais le voilà qui vient à nous. Qu'en dis-tu, Trivelin ? il me semble qu'il se tient mieux qu'à l'ordinaire.

SCÈNE VII : LA FÉE, TRIVELIN, ARLEQUIN.

Arlequin arrive tenant en main le mouchoir de Silvia qu'il regarde, et dont il se frotte doucement le visage.

LA FÉE, *continuant de parler à Trivelin* : Je suis curieuse de voir ce qu'il fera tout seul. Mets-toi à côté de moi ; je vais tourner mon anneau qui nous rendra invisibles

Arlequin arrive au bord du théâtre, et il saute en tenant le mouchoir de Silvia ; il le met dans son sein, il se couche et se roule dessus ; et tout cela gaiement.

LA FÉE, *à Trivelin* : Qu'est-ce que cela veut dire ? Cela me paraît singulier. Où a-t-il pris ce mouchoir ? Ne serait-ce pas un des miens qu'il aurait trouvé ? Ah ! si cela était, Trivelin, toutes ces postures-là seraient de bonne augure.

TRIVELIN : Je gagerais, moi, que c'est un linge qui sent le musc.

LA FÉE : Oh ! non. Je veux lui parler ; mais éloignons-nous un peu pour feindre que nous arrivons.

Elle s'éloigne de quelques pas pendant qu'Arlequin se promène en long en chantant.

ARLEQUIN : Ter li ta ta li ta.

LA FÉE : Bonjour, Arlequin.

ARLEQUIN, *en tirant le pied, et mettant le mouchoir sous son bras* : Je suis votre très humble serviteur.

LA FÉE, *à part, à Trivelin* : Comment ! voilà des manières ! Il ne m'en a jamais tant dit depuis qu'il est ici.

ARLEQUIN, *à la fée* : Madame, voulez-vous avoir la bonté de vouloir bien me dire comment on est quand on aime bien une personne ?

LA FÉE, *charmée, à Trivelin* : Trivelin, entends-tu ? *(Et puis, à Arlequin.)* Quand on aime, mon cher enfant, on souhaite toujours de voir les gens ; on ne peut se séparer d'eux ; on les perd de vue avec chagrin. Enfin on sent des transports, des impatiences et souvent des désirs.

ARLEQUIN, *en sautant d'aise et comme à part* : M'y voilà.

LA FÉE : Est-ce que vous sentez tout ce que je vous dis là ?

ARLEQUIN, *d'un air indifférent* : Non, c'est une curiosité que j'ai.

TRIVELIN : Il jase, vraiment.

LA FÉE : Il jase, il est vrai ; mais sa réponse ne me plaît pas. Mon cher Arlequin, ce n'est donc pas de moi que vous parlez ?

ARLEQUIN : Oh ! je ne suis pas un niais ; je ne dis pas ce que je pense.

LA FÉE, *avec feu et d'un ton brusque* : Qu'est-ce que cela signifie ? Où avez-vous pris ce mouchoir ?

ARLEQUIN, *la regardant avec crainte* : Je l'ai pris à terre.

LA FÉE : À qui est-il ?

ARLEQUIN : Il est à... *(Et puis, s'arrêtant.)* Je n'en sais rien.

LA FÉE : Il y a quelque mystère désolant là-dessous. Donnez-moi ce mouchoir. (*Elle le lui arrache, et après l'avoir regardé avec chagrin, et à part.*) Il n'est pas à moi ; et il le baisait ! N'importe ; cachons-lui mes soupçons, et ne l'intimidons pas ; car il ne me découvrirait rien

ARLEQUIN, *alors va, le chapeau bas et humblement, lui redemander le mouchoir* : Ayez la charité de me rendre le mouchoir.

LA FÉE, *en soupirant en secret* : Tenez, Arlequin ; je ne veux pas vous l'ôter, puisqu'il vous fait plaisir.

Arlequin en le recevant baise la main, la salue et s'en va.

LA FÉE, *le regardant* : Vous me quittez ! Où allez-vous ?

ARLEQUIN : Dormir sous un arbre.

LA FÉE, *doucement* : Allez, allez.

SCÈNE VIII : LA FÉE, TRIVELIN.

LA FÉE : Ah ! Trivelin, je suis perdue.

TRIVELIN : Je vous avoue, madame, que voici une aventure où je ne comprends rien. Que serait-il donc arrivé à ce petit peste-là ?

LA FÉE, *au désespoir et avec feu* : Il a de l'esprit, Trivelin, il en a, et je n'en suis pas mieux ; je suis plus folle que jamais. Ah ! quel coup pour moi ! Que ce petit ingrat vient de me paraître aimable ! As-tu vu comme il est changé ? As-tu remarqué de quel air il me parlait ? combien sa physionomie était devenue fine ? Et ce n'est pas de moi qu'il tient toutes ces grâces-là ! Il a déjà de la délicatesse de sentiment ; il s'est retenu, il n'ose me dire à qui appartient le mouchoir ; il devine que j'en serais jalouse. Ah ! qu'il faut qu'il se soit pris d'amour pour avoir déjà tant d'esprit ? Que je suis malheureuse ! Une autre lui entendra dire ce je vous aime que j'ai tant désiré, et je sens qu'il méritera d'être adoré ; je suis au désespoir. Sortons, Trivelin. Il s'agit ici de découvrir ma rivale ; je vais le suivre et parcourir tous les lieux où ils pourront se voir ; cherche de ton côté ; va vite ; je me meurs.

SCÈNE IX : SILVIA, UNE DE SES COUSINES.

La scène change et représente une prairie où, au loin, paissent les moutons.

SILVIA : Arrête-toi un moment, ma cousine ; je t'aurai bientôt conté mon histoire, et tu me donneras quelque avis. Tiens, j'étais ici quand il est venu ; dès qu'il s'est approché, le coeur m'a dit que je l'aimais ; cela est admirable ! Il s'est approché aussi ; il m'a parlé. Sais-tu ce qu'il m'a dit ? Qu'il m'aimait aussi. J'étais plus contente que si on m'avait donné tous les moutons du hameau. Vraiment ! je ne m'étonne pas si toutes nos bergères sont si aises d'aimer ; je voudrais n'avoir fait que cela depuis que je suis au monde, tant je le trouve charmant. Mais ce n'est pas tout ; il doit revenir ici bientôt ; il m'a déjà baisé la main, et je vois bien qu'il voudra me la baiser encore. Donne-moi conseil, toi qui as eu tant d'amants ; dois-je le laisser faire ?

LA COUSINE : Garde-t-en bien, ma cousine ; sois bien sévère ; cela entretient l'amour d'un amant.

SILVIA : Quoi ! il n'y a point de moyen plus aisé que cela pour l'entretenir ?

LA COUSINE : Non ; il ne faut point aussi lui dire tant que tu l'aimes.

SILVIA : Et comment s'en empêcher ? Je suis encore trop jeune pour pouvoir me gêner.

LA COUSINE : Fais comme tu pourras ; mais on m'attend, je ne puis rester plus longtemps. Adieu, ma cousine.

SCÈNE X : SILVIA, seule.

Un moment après.

SILVIA : Que je suis inquiète ! j'aimerais autant ne point aimer que d'être obligée d'être sévère ; cependant elle dit que cela entretient l'amour. Voilà qui est étrange ; on devrait bien changer une manière si incommode ; ceux qui l'ont inventée n'aimaient pas tant que moi.

SCÈNE XI : SILVIA, ARLEQUIN.

Arlequin arrive.

SILVIA, *en le voyant* : Voici mon amant ; que j'aurai de peine à me retenir !

Dès qu'Arlequin l'aperçoit, il vient à elle en sautant de joie ; il lui fait des caresses avec son chapeau, auquel il a attaché le mouchoir ; il tourne autour de Silvia ; tantôt il baise le mouchoir, tantôt il caresse Silvia.

ARLEQUIN : Vous voilà donc, mon petit cœur ?

SILVIA, *en riant* : Oui, mon amant.

ARLEQUIN : Êtes-vous bien aise de me voir ?

SILVIA : Assez.

ARLEQUIN, *en répétant ce mot* : Assez ! ce n'est pas assez.

SILVIA : Oh ! si fait ; il n'en faut pas davantage.

ARLEQUIN, *ici, lui prend la main. Silvia paraît embarrassée. Arlequin, en la tenant, dit* : Et moi, je ne veux pas que vous disiez comme cela.

Il veut alors lui baiser la main en disant ces derniers mots.

SILVIA, *retirant sa main* : Ne me baisez pas la main, au moins.

ARLEQUIN, *fâché* : Ne voilà-t-il pas encore ! Allez, vous êtes une trompeuse.

Il pleure.

SILVIA, *tendrement, en lui prenant le menton* : Hélas ! mon petit amant, ne pleurez pas.

ARLEQUIN, *continuant de gémir* : Vous m'aviez promis votre amitié.

SILVIA : Eh ! je vous l'ai donnée.

ARLEQUIN : Non ; quand on aime les gens, on ne les empêche pas de baiser sa main. *(En lui offrant la sienne.)* Tenez, voilà la mienne ; voyez si je ferai comme vous.

SILVIA, *en se ressouvenant des conseils de sa cousine, et comme à part* : Oh ! ma cousine dira ce qu'elle voudra, mais je ne puis y tenir. *(Haut.)* Là, là, consolez-vous, mon ami, et baisez ma main puisque vous en avez envie ; baisez. Mais écoutez, n'allez pas me demander combien je vous aime ; car je vous en dirais toujours la moitié moins qu'il n'y en a. Cela n'empêchera pas que, dans le fond, je ne vous aime de tout mon cœur ; mais vous ne devez pas le savoir, parce que cela vous ôterait votre amitié ; on me l'a dit.

ARLEQUIN, *d'une voix plaintive* : Tous ceux qui vous ont dit cela ont fait un mensonge ; ce sont des causeurs qui n'entendent rien à notre affaire. Le cœur me bat quand je baise votre main et que vous dites que vous m'aimez, et c'est marque que ces choses-là sont bonnes à mon amitié.

SILVIA : Cela se peut bien, car la mienne en va de mieux en mieux aussi, mais qu'importe, puisqu'on dit que cela ne vaut rien, faisons un marché, de peur d'accident. Toutes les fois que vous me demanderez si j'ai beaucoup d'amitié pour vous, je vous répondrai que je n'en ai guère, et cela ne sera pourtant pas vrai ; et quand vous voudrez me baiser la main, je ne le voudrai pas, et pourtant j'en aurai envie.

ARLEQUIN, *en riant* : Eh ! eh ! cela sera drôle ! je le veux bien ; mais, avant ce marché-là, laissez-moi baiser votre main à mon aise ; cela ne sera pas du jeu.

SILVIA : Baisez, cela est juste.

ARLEQUIN, *lui baise et rebaise la main ; et après, faisant réflexion au plaisir qu'il vient d'avoir, il dit* : Oh ! mais, mon amie, peut-être que le marché nous fâchera tous deux.

SILVIA : Eh ! quand cela nous fâchera tout de bon, ne sommes-nous pas les maîtres ?

ARLEQUIN : Il est vrai, mon amie. Cela est donc arrêté ?

SILVIA : Oui.

ARLEQUIN : Cela sera tout divertissant : voyons pour voir. *(Arlequin ici badine, et l'interroge pour rire.)* M'aimez-vous beaucoup ?

SILVIA : Pas beaucoup.

ARLEQUIN, *sérieusement* : Ce n'est que pour rire au moins ; autrement...

SILVIA, *riant* : Eh ! sans doute.

ARLEQUIN, *poursuivant toujours la badinerie, et riant* : Ah ! ah ! ah ! *(Et puis pour badiner encore.)* Donnez-moi votre main, ma mignonne.

SILVIA : Je ne le veux pas.

ARLEQUIN, *souriant* : Je sais pourtant que vous le voudriez bien.

SILVIA : Plus que vous ; mais je ne veux pas le dire ;

ARLEQUIN, *souriant encore ici ; puis changeant de façon, et tristement* : Je veux la baiser, ou je serai fâché.

SILVIA : Vous badinez, mon amant ?

ARLEQUIN, *comme tristement, toujours* : Non.

SILVIA : Quoi ! c'est tout de bon ?

ARLEQUIN : Tout de bon.

SILVIA, *en lui tendant la main* : Tenez donc.

SCÈNE XII : LA FÉE, ARLEQUIN, SILVIA.

LA FÉE, *qui les cherchait, arrive et dit à part, en retournant son anneau* : Ah ! je vois mon malheur.

ARLEQUIN, *après avoir baisé la main de Silvia* : Dame ! je badinais.

SILVIA : Je vois bien que vous m'avez attrapée ; mais j'en profite aussi.

ARLEQUIN, *qui lui tient toujours la main* : Voilà un petit mot qui me plaît comme tout.

LA FÉE, *à part* : Ah ! juste ciel ! quel langage ! Paraissons.

Elle retourne son anneau.

SILVIA, *effrayée de la voir, fait un cri* : Ah !

ARLEQUIN, *de son côté* : Ouf !

LA FÉE, *à Arlequin, avec altération* : Vous en savez déjà beaucoup.

ARLEQUIN, *embarrassé* : Eh ! eh ! je ne savais pourtant pas que vous étiez là.

LA FÉE, *en le regardant* : Ingrat ! *(Et puis le touchant de sa baguette.)* Suivez-moi.

Après ce dernier mot, elle touche aussi Silvia sans lui rien dire.

SILVIA, *touchée* : Miséricorde !

La fée part avec Arlequin, qui marche devant en silence et comme par compas.

SCÈNE XIII : SILVIA, LUTINS.

SILVIA, *seule, tremblante, et sans bouger* : Ah ! la méchante femme ! je tremble encore de peur. Hélas ! peut-être qu'elle va tuer mon amant, elle ne lui pardonnera jamais de m'aimer. Mais je sais bien comment je ferai ; je m'en vais assembler tous les bergers du hameau, et les mener chez elle ; allons. *(Silvia là-dessus veut marcher, mais elle ne peut avancer un pas ; elle dit :)* Qu'est-ce que j'ai donc ? Je ne puis me remuer. *(Elle fait des efforts et ajoute :)* Ah ! cette magicienne m'a jeté un sortilège aux jambes. *(À ces mots, deux ou trois lutins viennent pour l'enlever. Silvia, tremblante.)* Aïe ! aïe ! messieurs, ayez pitié de moi ; au secours ! au secours !

UN DES LUTINS : Suivez-nous, suivez-nous.

SILVIA : Je ne veux pas, je veux retourner au logis.

UN AUTRE LUTIN : Marchons.

Il l'enlève en criant.

SCÈNE XIV : LA FÉE, ARLEQUIN.

La scène change et représente le jardin de la fée. La fée paraît avec Arlequin, qui marche devant elle, dans la même posture qu'il a fait ci-devant, et la tête baissée.

LA FÉE : Fourbe que tu es ! je n'ai pu paraître aimable à tes yeux, je n'ai pu t'inspirer le moindre sentiment, malgré tous les soins et toute la tendresse que tu m'as vue ; et ton changement est l'ouvrage d'une misérable bergère ! Réponds, ingrat ! que lui trouves-tu de si charmant ? Parle.

ARLEQUIN, *feignant d'être retombé dans sa bêtise* : Qu'est-ce que vous voulez ?

LA FÉE : Je ne te conseille pas d'affecter une stupidité que tu n'as plus ; si tu ne te montres tel que tu es, tu vas me voir poignarder l'indigne objet de ton choix.

ARLEQUIN, *vite et avec crainte* : Eh ! non, non ; je vous promets que j'aurai de l'esprit autant que vous le voudrez.

LA FÉE : Tu trembles pour elle.

ARLEQUIN : C'est que je n'aime pas à voir mourir personne.

LA FÉE : Tu me verras mourir, si tu ne m'aimes.

ARLEQUIN, *en la flattant* : Ne soyez donc pas en colère contre nous.

LA FÉE, *en s'attendrissant* : Ah ! mon cher Arlequin, regarde-moi ; repens-toi de m'avoir désespérée : j'oublierai de quelle part t'est venu ton esprit ; mais puisque tu en as, qu'il te serve à connaître les avantages que je t'offre.

ARLEQUIN : Tenez, dans le fond, je vois bien que j'ai tort ; vous êtes belle et brave cent fois plus que l'autre. J'enrage.

LA FÉE : Et de quoi ?

ARLEQUIN : C'est que j'ai laissé prendre mon cœur par cette petite friponne, qui est plus laide que vous.

LA FÉE, *soupire en secret, et dit* : Arlequin, voudrais-tu aimer une personne qui te trompe, qui a voulu badiner avec toi, et qui ne t'aime pas ?

ARLEQUIN : Oh ! pour cela, si fait ; elle m'aime à la folie.

LA FÉE : Elle t'abusait ; je le sais bien, puisqu'elle doit épouser un berger du village qui est son amant. Si tu veux, je m'en vais l'envoyer chercher, et elle te le dira elle-même.

ARLEQUIN, *en se mettant la main sur la poitrine et sur son cœur* : Tic, tac, tic, tac, ouf ! voilà des paroles qui me rendent malade. *(Et puis vite.)* Allons, allons, je veux savoir cela ; car si elle me trompe, jarni ! je vous caresserai, je vous épouserai devant ses deux yeux pour la punir.

LA FÉE : Eh bien ! je vais l'envoyer chercher.

ARLEQUIN, *encore ému* : Oui ; mais vous êtes bien fine. Si vous êtes là quand elle me parlera, vous lui ferez la grimace, elle vous craindra, et elle n'osera me dire rondement sa pensée.

LA FÉE : Je me retirerai.

ARLEQUIN : La peste ! Vous êtes une sorcière, vous nous jouerez un tour comme tantôt, et elle s'en doutera. Vous êtes au milieu du monde, et on ne voit rien. Oh ! je ne veux point que vous trichiez ; faites un serment que vous n'y serez pas en cachette.

LA FÉE : Je te le jure, foi de fée.

ARLEQUIN : Je ne sais point si ce juron-là est bon ; mais je me souviens à cette heure, quand on me lisait des histoires, d'avoir vu qu'on jurait par le Six, le Tix, oui, le Styx.

LA FÉE : C'est la même chose.

ARLEQUIN : N'importe, jurez toujours. Dame ! puisque vous craignez, c'est que c'est le meilleur.

LA FÉE, *après avoir rêvé* : Eh bien ! je n'y serai point, je t'en jure par le Styx, et je vais donner ordre qu'on l'amène ici.

ARLEQUIN : Et moi, en attendant, je m'en vais gémir en me promenant.

Il sort.

SCÈNE XV : LA FÉE, seule.

LA FÉE : Mon serment me lie ; mais je n'en sais pas moins le moyen d'épouvanter la bergère sans être présente, et il me reste une ressource. Je donnerai mon anneau à Trivelin qui les écoutera invisible, et qui me rapportera ce qu'ils auront dit. Appelons-le. Trivelin, Trivelin !

SCÈNE XVI : LA FÉE, TRIVELIN.

TRIVELIN, *vient* : Que voulez-vous, madame ?

LA FÉE : Faites venir ici cette bergère, je veux lui parler ; et vous, prenez cette bague. Quand j'aurai quitté cette fille, vous avertirez Arlequin de lui venir parler, et vous les suivrez sans qu'il le sache, pour venir écouter leur entretien, avec la précaution de retourner la bague pour n'être point vu d'eux ; après quoi, vous me redirez leurs discours. Entendez-vous ? Soyez exact, je vous prie.

TRIVELIN : Oui, madame.

Il sort pour aller chercher Silvia.

SCÈNE XVII : LA FÉE, SILVIA.

LA FÉE, *un moment seule* : Est-il d'aventure plus triste que la mienne ? Je n'ai lieu d'aimer plus que je n'aimais, que pour en souffrir davantage ; cependant il me reste encore quelque espérance ; mais voici ma rivale. *(Silvia entre. La fée, en colère.)* Approchez, approchez.

SILVIA : Madame, est-ce que vous voulez toujours me retenir de force ici ? Si ce beau garçon m'aime, est-ce ma faute ? Il dit que je suis belle ; dame ! je ne puis m'empêcher de l'être.

LA FÉE, *avec un sentiment de fureur, à part* : Oh ! si je ne craignais de tout perdre, je la déchirerais. *(Haut.)* Écoutez-moi, petite fille ; mille tourments vous sont préparés, si vous ne m'obéissez.

SILVIA, *en tremblant* : Hélas ! vous n'avez qu'à dire.

LA FÉE : Arlequin va paraître ici ; je vous ordonne de lui dire que vous n'avez voulu que vous divertir de lui, que vous ne l'aimez point, et qu'on va vous marier avec un berger du village. Je ne paraîtrai point dans la conversation, mais je serai à vos côtés sans que vous me voyiez ; et si vous n'observez mes ordres avec la dernière rigueur, s'il vous échappe le moindre mot qui lui fasse deviner que je vous aie forcée à lui parler comme je le veux, tout est prêt pour votre supplice.

SILVIA : Moi, lui dire que j'ai voulu me moquer de lui ! Cela est-il raisonnable ? Il se mettra à pleurer, et je me mettrai à pleurer aussi. Vous savez bien que cela est immanquable.

LA FÉE, *en colère* : Vous osez me résister ! Paraissez, esprits infernaux ; enchaînez-la, et n'oubliez rien pour la tourmenter.

Des esprits entrent.

SILVIA, *pleurant, dit* : N'avez-vous pas de conscience de me demander une chose impossible ?

LA FÉE, *aux esprits* : Allez prendre l'ingrat qu'elle aime, et donnez-lui la mort à ses yeux.

SILVIA, *avec exclamation* : La mort ! Ah ! Madame la fée, vous n'avez qu'à le faire venir, je m'en vais lui dire que je le hais, et je vous promets de ne point pleurer du tout ; je l'aime trop pour cela.

LA FÉE : Si vous versez une larme, si vous ne paraissez tranquille, il est perdu, et vous aussi. *(Aux esprits.)* Otez-lui ses fers. *(A Silvia.)* Quand vous lui aurez parlé, je vous ferai reconduire chez vous, si j'ai lieu d'être contente. Il va venir ; attendez ici.

La fée sort et les diables aussi.

SCÈNE XVIII : TRIVELIN, ARLEQUIN, SILVIA.

SILVIA, *un moment seule* : Achevons vite de pleurer, afin que mon amant ne croie pas que je l'aime. Le pauvre enfant ! ce serait le tuer moi-même. Ah ! maudite fée ! Mais essuyons mes yeux ; le voilà qui vient.

Arlequin entre alors triste et la tête penchée ; il ne dit mot jusqu'auprès de Silvia. Il se présente à elle, la regarde un moment sans parler ; et après, Trivelin, invisible, entre.

ARLEQUIN : Mon amie !

SILVIA, *d'un air libre* : Eh bien ?

ARLEQUIN : Regarde-moi.

SILVIA, *embarrassée* : À quoi sert tout cela ? On m'a fait venir ici pour vous parler ; j'ai hâte. Qu'est-ce que vous voulez ?

ARLEQUIN, *tendrement* : Est-ce vrai que vous m'avez fourbé ?

SILVIA : Oui ; tout ce que j'ai fait, ce n'était que pour me donner du plaisir.

ARLEQUIN, *s'approche d'elle tendrement, et lui dit* : Mon amie, dites franchement ; cette coquine de fée n'est point ici, car elle en a juré. *(Et puis, en flattant Silvia.)* Là, là, remettez-vous, mon petit cœur ; dites, êtes-vous une perfide ? Allez-vous être la femme d'un vilain berger ?

SILVIA : Oui : encore une fois ; tout cela est vrai.

ARLEQUIN, *là-dessus, pleure de toute sa force* : Hi ! hi ! hi !

SILVIA, *à part* : Le courage me manque. *(Arlequin, en pleurant sans rien dire, cherche dans ses poches ; il en tire un petit couteau qu'il aiguise sur sa manche. Silvia le voyant faire.)* Qu'allez-vous donc faire ? *(Alors, Arlequin, sans répondre, allonge le bras comme pour prendre sa secousse, et ouvre un peu son estomac ? Silvia effrayée.)* Ah ! il va se tuer. Arrêtez-vous, mon amant ; j'ai été obligée de vous dire des menteries. *(Et puis en parlant à la fée qu'elle croit à côté d'elle.)* Madame la fée, pardonnez-moi. En quelque endroit que vous soyez ici, vous voyez bien ce qu'il en est.

ARLEQUIN, *à ces mots cessant son désespoir, lui prend vite la main et dit* : Ah ! quel plaisir ! Soutenez-moi, m'amour ; je m'évanouis d'aise.

Silvia le soutient. Trivelin alors paraît tout d'un coup à leurs yeux.

SILVIA, *dans la surprise, dit* : Ah ! voilà la fée.

TRIVELIN : Non, mes enfants, ce n'est pas la fée ; mais elle m'a donné son anneau, afin que je vous écoutasse sans être vu. Ce serait bien dommage d'abandonner de si tendres amants à sa fureur ; aussi bien ne mérite-t-elle pas qu'on la serve, puisqu'elle est infidèle au plus généreux magicien du monde à qui je suis dévoué. Soyez en repos ; je vais vous donner un moyen d'assurer votre bonheur. Il faut qu'Arlequin paraisse de vous, Silvia ; et que, de votre côté, vous feigniez de le quitter en le raillant. Je vais chercher la fée qui m'attend, à qui je dirai que vous vous êtes parfaitement acquittée de ce qu'elle vous avez ordonné ; elle sera témoin de votre retraite. Pour vous, Arlequin, quand Silvia sera sortie, vous resterez avec la fée ; et alors, en l'assurant que vous ne songez plus à Silvia infidèle, vous jurerez de vous attacher à elle, et tâcherez par quelque tour d'adresse, et comme en badinant, de lui prendre sa baguette. Je vous avertis que, dès qu'elle sera dans vos mains, la fée n'aura plus aucun pouvoir sur vous deux ; et qu'en la touchant elle-même d'un coup de baguette, vous en serez absolument le maître. Pour lors, vous pourrez sortir d'ici et vous faire telle destinée qu'il vous plaira.

SILVIA : Je prie le ciel qu'il vous récompense.

ARLEQUIN : Oh ! quel honnête homme ! Quand j'aurai la baguette, je vous donnerai votre plein chapeau de liards.

TRIVELIN : Préparez-vous ; je vais amener ici la fée.

SCÈNE XIX : ARLEQUIN, SILVIA.

ARLEQUIN : Ma chère amie, la joie me court dans le corps, il faut que je vous baise ; nous avons bien le temps de cela.

SILVIA, *en l'arrêtant* : Taisez-vous donc, mon ami ; ne nous caressons pas à cette heure, afin de pouvoir nous caresser toujours. On vient ; dites-moi bien des injures pour avoir la baguette.

SCÈNE XX : LA FÉE, TRIVELIN, ARLEQUIN, SILVIA.

ARLEQUIN, *comme en colère* : Allons, petite coquine.

TRIVELIN, *à la fée* : Je crois, madame, que vous aurez lieu d'être contente.

ARLEQUIN, *continuant à gronder Silvia* : Sortez d'ici, friponne. Voyez cette petite effrontée ! Sortez d'ici, mort de ma vie !

SILVIA, *se retirant en riant* : Ah ! ah ! qu'il est drôle ! Adieu, adieu ; je m'en vais épouser mon amant ; une autre fois ne croyez pas tout ce qu'on vous dit, petit garçon. *(Et puis Silvia dit à la fée :)* Madame, voulez-vous que je m'en aille ?

LA FÉE, *à Trivelin* : Faites-la sortir, Trivelin.

Silvia sort avec Trivelin.

SCÈNE XXI : LA FÉE, ARLEQUIN.

LA FÉE : Je vous avais dit la vérité, comme vous voyez.

ARLEQUIN, *comme indifférent* : Oh ! je me soucie bien de cela ; c'est une petite laide qui ne vous vaut pas. Allez, allez, à présent je vois bien que vous êtes une bonne personne. Fi ! que j'étais sot ; laissez faire, nous l'attraperons bien, quand nous serons mari et femme.

LA FÉE : Quoi ! mon cher Arlequin, vous m'aimerez donc ?

ARLEQUIN : Eh ! qui donc ? J'avais assurément la vue trouble. Tenez, cela m'avait fâché d'abord ; mais à présent je donnerais toutes les bergères des champs pour une mauvaise épingle. *(Et puis, doucement.)* Mais vous n'avez peut-être plus envie de moi, à cause que j'ai été si bête.

LA FÉE, *charmée* : Mon cher Arlequin, je te fais mon maître, mon mari ; oui, je t'épouse ; je te donne mon coeur, mes richesses, ma puissance. Es-tu content ?

ARLEQUIN, *en la regardant sur cela tendrement* : Ah ! m'amie, que vous me plaisez ! *(Et lui prenant la main.)* Moi, je vous donne ma personne, et puis cela encore ; *(C'est son chapeau.)* et puis encore cela. *(C'est son épée. Là-dessus, en badinant il lui met son épée au côté, et dit en lui prenant sa baguette :)* Et je m'en vais mettre ce bâton à mon côté.

Quand il tient la baguette, LA FÉE, *inquiète, lui dit* : Donnez, donnez-moi cette baguette, mon fils ; vous la casserez.

ARLEQUIN, *se reculant aux approches de la fée, tournant autour du théâtre et d'une façon reposée* : Tout doucement, tout doucement !

LA FÉE, *encore plus alarmée* : Donnez donc vite ; j'en ai besoin.

ARLEQUIN, *alors la touche adroitement avec la baguette et lui dit* : Tout beau ! asseyez-vous là, et soyez sage.

LA FÉE, *tombe sur le siège de gazon mis auprès de la grille de théâtre, et dit* : Ah ! je suis perdue, je suis trahie.

ARLEQUIN, *en riant* : Et moi, je suis on ne peut mieux. Oh ! oh ! vous me grondiez tantôt parce que je n'avais point d'esprit ; j'en ai pourtant plus que vous. *(Arlequin alors fait des sauts de joie ; il rit, il danse, il siffle, et de temps en temps va autour de la fée, et lui montrant la baguette.)* Soyez bien sage, Madame la sorcière ; car voyez-vous bien cela ? *(Alors il appelle tout le monde.)* Allons, qu'on m'apporte ici mon petit coeur. Trivelin, où sont mes valets et tous les diables aussi ? Vite ; j'ordonne ; je commande, ou par la sambleu…

Tout accourt à sa voix.

SCÈNE XXII : LA FÉE, ARLEQUIN, SILVIA, TRIVELIN, LES DANSEURS, LES CHANTEURS et LES ESPRITS.

ARLEQUIN, *courant au-devant de Silvia, et lui montrant la baguette* : Ma chère amie, voilà la machine, je suis sorcier à cette heure ; tenez, prenez ; il faut que vous soyez sorcière aussi.

Il lui donne la baguette.

SILVIA, *prend la baguette en sautant d'aise et dit* : Oh ! mon amant, nous n'aurons plus d'envieux.

À peine Silvia a-t-elle dit ces mots, que quelques esprits s'avancent.

UN DES ESPRITS : Vous êtes notre maîtresse ; que voulez-vous de nous ?

SILVIA, *surprise de leur approche, se retire et a peur, et dit* : Voilà encore ces vilains hommes qui me font peur.

ARLEQUIN, *fâché* : Jarni ! je vous apprendrai à vivre. *(À Silvia.)* Donnez-moi ce bâton, afin que je les rosse.

Il prend la baguette, et ensuite bat les esprits avec son épée ; il bat après les danseurs, les chanteurs, et jusqu'à Trivelin même.

SILVIA, *lui dit en l'arrêtant* : En voilà assez, mon ami. *(Arlequin menace toujours tout le monde, et va à la fée qui est sur le banc, et la menace aussi. Silvia alors s'approche à son tour de la fée et lui dit en la saluant :)* Bonjour, Madame ; comment vous portez-vous ? Vous n'êtes donc plus si méchante ? *(La fée retourne la tête en jetant des regards de fureur sur eux.)* Oh ! qu'elle est en colère !

ARLEQUIN, *alors, à la fée* : Tout doux ! je suis le maître. Allons, qu'on nous regarde tout à l'heure agréablement.

SILVIA : Laissons-la là, mon ami ; soyons généreux ; la compassion est une belle chose.

ARLEQUIN : Je lui pardonne ; mais je veux qu'on chante, qu'on danse, et puis après nous irons nous faire roi quelque part.

FIN